PAUSE FO

T0011032

Sudoku
for
Mindfulness

Frank Longo

PUZZLE
WRIGHT
PRESS

New York

PUZZLE
WRIGHT
PRESS

New York

PUZZLEWRIGHT PRESS and the distinctive Puzzlewright Press logo
are registered trademarks of Sterling Publishing Co., Inc.

© 2023 Sterling Publishing Co., Inc.

All rights reserved. No part of this publication may be reproduced,
stored in a retrieval system, or transmitted in any form or by any
means (including electronic, mechanical, photocopying, recording, or
otherwise) without prior written permission from the publisher.

ISBN 978-1-4549-5028-8

For information about custom editions, special sales, and premium purchases,
please contact specialsales@unionsquareandco.com.

Manufactured in Canada

2   4   6   8   10   9   7   5   3   1

unionsquareandco.com

Cover design by Elizabeth Mihaltse Lindy
Cover image by Bibadash/Shutterstock.com

CONTENTS

Introduction

You probably already know sudoku's one simple rule: Fill in the boxes so that each of the nine rows, nine columns, and nine 3×3 sections contain all the numbers from 1 to 9. For instance, here is a sample puzzle and its solution.

				2		1	8	4
9		5		7		2		6
1		4	3	9	2		7	
			7		6			
	7		1	4	8	9		2
3		2		6		8		5
8	4	9		3				

4	2	1	6	8	3	5	9	7
7	3	6	5	2	9	1	8	4
9	8	5	4	7	1	2	3	6
1	5	4	3	9	2	6	7	8
2	9	8	7	5	6	4	1	3
6	7	3	1	4	8	9	5	2
3	1	2	9	6	7	8	4	5
8	4	9	2	3	5	7	6	1
5	6	7	8	1	4	3	2	9

This book contains 105 sudoku that start out simple, and get gradually more challenging from there—so when you're feeling like taking a mental break, you'll be able to find the perfect puzzle at any skill level. Here's what to expect:

Happy solving!

	2	7	8			1		
9	1						6	
6		8				2		3
8			6		3			
				1				
			7		5			8
1		2				7		4
	7						2	6
		4			7	5	1	

	2			1			7	
8			6		4			2
		7				6		
	6		7		9		8	
3				5				6
	8		2		1		9	
		6				8		
2			1		5			7
	1			4			3	

			7		6			
		8	1	2	3	4		
	9			4			7	
			6		9			
		7		1		5		
	5						2	
		9	4	7	1	3		
7								5
	6	2				8	1	

		5				8		
	4		6		5		3	
1				9				2
	6			5			1	
		7		3		6		
	1			8			2	
8			2		4			7
2	3	9				1	4	8

8								7
	5		1		3		6	
		1		4		9		
1			2		9			3
	4			3			9	
3		7				6		1
	7		4		8		3	
		8		9		7		
			5		6			

			1	8	9			
		5				7		
		2				4		
		3				9		
9			5		4			6
	8			7			1	
	6			2			5	
		7	8		1	6		
5	2						4	3

					7		3	
				2		5		6
			9		3		2	
		1		8		2		7
	3		4		2		9	
7		2		9		6		
	1		7		5			
9		3		4				
	2		1					

7								9
	9						4	
		3				8		
	5	9	2		8	6	1	
1				7				3
		4				2		
	1		4		5		6	
	2		1		6		7	
		8				1		

			7	3	6			
		9	2	4	5	3		
	2			8			7	
6				5				4
	8		4		3		1	
		7				6		
	6			7			4	
1			3		9			7

5	1	7				3	2	4
			7	5	4			
4	9	8						
					2	1	7	
	4	9	6					
						7	5	1
			2	9	1			
1	8	6				2	4	9

8				1	3	9		
	5				6	4	8	
		6				1	7	5
							2	4
6								8
9	8							
7	9	2				8		
	1	8	4				3	
		3	8	7				1

		8	2	6	7	4		
		8	2	6	7	4		
5			4		1			8
	2			9			7	
		5		7		3		
			5		6			
			8					
	5		4				3	
3	9	6				8	5	4

	1	9	6		8	2	7	
8				2				4
5				1				9
9				8				5
	5		2		7		9	
		7				1		
	9		5		6		3	
	4		1		9		8	

			9		3			5
		6		1			4	
	3		7			8		
5		2						9
	9						2	
8						4		6
		1			8		9	
	6			4		7		
7			5		6			

	3				1			
4				7		1		
			2		3		7	
				9		3		8
			8	1	5		9	
		9	3	4		2		
	1	5	6					
7	2	6						9
	9						8	

6				3				8
	5						3	
		9	6	8	2	7		
		3				4		
7		5		4		1		2
		4				8		
		6	4	2	1	5		
	4						9	
2				5				1

		2		6		5		
			2		3			
7				9				3
	4						6	
2		9	1		6	7		4
	5						3	
6				5				8
			9		4			
		1		3		2		

	5	6	9		7	8	1	
	9		6		4		2	
	4		5		1		7	
	1	9	7		2	4	3	
4								1
2			3		5			7
	3	8				9	5	

2				3				6
			6		7			
			2		1			
8	4	3				6	5	7
5				8				2
	2	1				3	8	
		7				1		
			3		5			
1				4				8

	2	9				8	5	
1			6		8			3
8								4
2	9		7		3		8	1
		6				4		
		7				9		
	5						1	
	6						4	
	3	8	4		5	7	2	

			8		4			
		3				9		
	1			5			8	
8			9					5
		4	5	1	3	2		
6				7				1
	4			3			7	
		9				6		
			9		6			

	8						6	
	1	5				3	9	
	7		8		5		4	
	2			7			8	
	9			8			2	
			3		4			
		7				9		
	4		6		8		1	
1				5				4

	1	2				5	4	
5			8		4			1
7			2		1			6
	8	5		1		3	6	
				7				
				6				
	5			2			9	
9		1				6		3
	3						8	

	5				9			2
1		3					9	
	2		1			8		
		6			3			1
				6				
4			2			3		
		7			8		3	
	9					2		5
2			9				1	

6								3
	2		9		1		6	
		4				8		
	1		5		9		3	
				7				
	9		3		8		2	
		6				7		
	3		7		2		9	
2								5

		5	4	6	9	2		
			1		3			
				8				
				4				
1				9				4
	6		2		1		5	
6		8		1		9		5
	2		8		5		3	
4				2				8

3	1						6	2
	8	4				7	5	
		9	5		3	1		
				7				
			2	4	8			
		1				4		
		7				6		
		8				3		
5			3	9	7			4

								3
	4	8	1				7	
	7	2	3			8		
	9	1	8		7			
				2				
			9		1	7	6	
		3			8	5	4	
	6				5	1	9	
1								

		3				6		
	1		5		7		3	
2				3				9
8				9				4
1								6
	3						5	
		8				2		
7			9		4			3
3	9			8			6	1

	1						3	
7				5				9
			7		4			
		7		4		2		
	6		8	9	1		5	
		9		6		8		
			3		8			
2				1				4
	9						2	

				8	5			
		5			4	3		
	1		3			8	5	
		9		1			3	2
8			5		9			7
6	2			4		9		
	9	8			7		6	
		2	9			1		
			2	6				

7								
					4	7	9	
	8	5	9		2	6	3	
	3	9	5					
					8	1	7	
	7	1	4		9	2	6	
	5	2	3					
								3

8			9	7				
	7	9		5				
	1	5	4					
1		6	5					
3	4			6				1
					3		4	2
						9		8
				9				4
			4	8	1	2	7	

		1	6		8	3		
	6			3			5	
	3	6				4	7	
7			3		1			8
			4		5			
		2				9		
	1						3	
		4	1	9	2	6		

		9	2			5		6
	4	1					3	
2	6			3		8		4
6								
		5		8		6		
								1
3		2		6			7	8
	7					1	2	
1		8			7	4		

2				1				6
	4			2			3	
		3		9		1		
			3	7	6			
		4	2	8	1	5		
	8						2	
3								9
	1						7	
		7	8	3	9	4		

				6				
6				9				7
3			5		7			9
9		1				8		3
	3			1			7	
8				5				4
4			6		1			2
5		2				4		1
	1						6	

4				3				
	6				1			
3		7				2		
	1		7				2	
		3		1	2	9	6	5
	4		8				1	
2		6				7		
	9				4			
7				6				

		2	6					7
			9	8			5	
			7	2	8			
					6	5		
	2	6		4		9	3	
7			1				8	6
5				9				3
	4			5				
		9	2					

7	1	4				3	8	9
	2			1			4	
			8					
			3		1			
	8	2	9		5	6	1	
			2		8			
				9				
	4			2			9	
6	5	9				7	2	1

7	9			8			6	1
3	8						2	4
			5		2			
		6				4		
2				4				7
		3				9		
			6		8			
9	1						4	6
6	2			1			3	5

		3	8	2	4	1		
	6						9	
	2		1		8		4	
	5						1	
		1	6	4	9	5		
		5				6		
	1		5		3		2	
6		2		9		8		3

7			4					5
	5			3			8	
2					6			1
	2		1				9	
3				5				8
	1				8		4	
1			3					4
	8			2			3	
9					7			2

	7		2	5	9		1	
5		2				4		7
	8						5	
		3				5		
			1	6	3			
		7				1		
	1						4	
7		6				8		1
	4		8	9	1		3	

			9	7	6			
7		5				1		6
2			4		5			8
	9			3			6	
		1	5	9	7	2		
				4				
			1		2			
		7				4		
	2						3	

8					3			1
	5		2			8		
		7		6			3	
	9				7			4
		6				1		
2			1				8	
	2			5		7		
		8			6		9	
5			9					6

			1				
8	9			3			2	5
6	4			7			3	1
4	3			8			1	2
			3		4			
		8				4		
	5			2			6	
		3				2		
			1	9	7			

		8				6		
	2		9		7		5	
	7		3		4		9	
5				1				9
	9	2	6		8	4	3	
		6				7		
		3				1		
	1						8	
2								6

			5	8	4			
	8			3			6	
		4				3		
6			8		5			3
4	3			1			8	2
2			4		3			1
		6				8		
	7			5			3	
			2	7	6			

2								9
				6	9	1		
4				8	1	5		6
				3	6	7		
5								4
		3	5	1				
3		5	1	2				7
		6	9	7				
9								3

9		6						4
	3		8				6	
1		5		2		8		
	6		4		5			
		9		6				5
			1		7		9	
		1				5		
	9				1		3	
2				4				7

			6		4			
		4		7		5		
	7		5		1		2	
7		1		9		2		6
	6		3		7		1	
5		2				7		4
			7		3			
			9		2			
3			8		6			7

	4		8				6	
	5			4			1	
	1			3			2	
	6	4	7		3	2	9	
		3				8		
		9				4		
		2	8		1	3		
				7				
4				9				2

		1				4		
	5		8		3		1	
6		2		1		9		7
	1		7		8		5	
		7	9	4	2	3		
	2						4	
7								6
1				9				5

		9		8		5		
	5						3	
6								2
		6	5		7	2		
2		8				4		5
		4				3		
8		2	6		4	1		9
	6						2	
		5		2		7		

4		1		7				
	6		4		9			
		3		8		6		
			7		1		9	
		2		6		5		
			5		4		3	
		9		5		3		
	7		2		3			
2		8		1				

				3				
				2				
		2	7	8	1	5		
	2						1	
4			5	1	3			7
1		7				9		5
5		9				8		6
2			8		7			9
	1			9			5	

	2	8	7		3	1	4	
	9	7	2		1	8	5	
	1		6		5		8	
3				7				5
	5						2	
		3				4		
			5	8	9			
				4				

					1	2		
2				7	9	8	3	
	8			5	6	9	1	
7		2			4	6		
	1		3					
1		9		2				
	2		4		3			
5		3		1		4		

	9						2	
	6			8			7	
	5			2			1	
	7	8	1		4	2	6	
	3			9			8	
	4						5	
3		5				6		2
6			9		2			5
9				5				1

			7	9				
		2	1				5	
	9	5				1		
3	7		4					
1				8				2
					9		4	7
		6				9	3	
	5				8	2		
				6	1			

3					5			1
				6	1	5		
			2	7	9			
1		3	9	5				8
			1		7			
4				3	6	2		7
			7	9	4			
		7	6	2				
8			5					4

1							8	2
	8		1				3	7
		5		4				
	4		3		7			
		8		5		2		
			9		8		5	
				9		3		
3	9				6		2	
8	2							5

		2		1		3		
	7	3				5	8	
		5		4		7		
	8			7			4	
2	6						5	3
	5			6			1	
		8		5		1		
		9				4		
			1	3	9			

	1	4				5	6	
6			3		8			9
9								2
2	7	1				6	9	5
		6				7		
	9						8	
7								6
	6		5		3		1	
		2				4		

3	1						8	4
5				7				9
			4	1	3			
		6				1		
	9	8				7	3	
		3				4		
			2	5	7			
4				9				3
6	7						5	1

			3	1	6	9		
		3					6	
	1			9			7	
	8		9		3		5	
	4		5		2		9	
	7				4		3	
		2	8	5			4	
						3		
			6	3	9			

9								
	7					5		
		1			9		3	
			5			7		1
				1			8	
		8			4			6
	5		6			8		4
		4		5			7	
			2		1	6		5

		8	6	1	3	9		
	6						3	
7			4	5	9			8
		2				3		
	7						1	
	9			2			5	
	5						2	
		6				4		
2			7	6	8			5

	5	9	6					
	6		8	7	1			9
	1				5	6	8	2
	7	8						
						1	3	
9	2	6	5				7	
4			7	2	6		9	
				9	5	2		

			6	1	4	5	2	
6				7	9	1		
7					8			
	3	7						
				8				
						6	8	
			8					4
		8	9	6				1
	9	5	4	2	7			

5			8	6	3			7
	8	2				6	9	
		3				5		
			9		6			
9				1				8
	6		2		8		7	
		4				9		
			4		1			
			7					

	4						2	
6		8				5		4
			7		3			
		5		1		8		
	1		6		2		3	
	7			8			1	
	6						8	
		9	1	7	4	2		

6				9				4
			4		8			
			7		3			
		9				2		
		6		8		5		
	1			7			6	
	4		6		2		1	
2			8		9			3
8	9	5				4	2	6

7					5			
	4			1			5	
		1	4			2		
		5			7			2
	6			8			3	
9			3			1		
		7			6	9		
	1			3			6	
			1					8

		2				3		
	1	3	7		2	6	8	
		6				5		
		5	4		9	1		
	4			1			9	
2		4		5		9		7
	8			3			6	
				9				

		1		9		6		
	5						9	
8								7
	6						3	
	2			1			4	
3				5				9
7	4	8				9	2	6
				8				
		3	7		2	4		

8			9		3			2
				6				
	5						7	
		1	8	9	5	3		
5								1
		3	2	4	1	8		
	4						6	
				2				
1			5		9			8

							9	
						7	1	2
					1		6	
3				2		8		
	2		5	9	3			
9		7		8				
4	3		7					
	9	1		4				
2		8	3		6			

		1				4	7	5
	2						6	
7				8				
			4	7				
		4		5	8	2	1	7
			6	3				
9				6				
	8						5	
		6				3	8	4

		3		8				6
			4		5			
7				6		1		
	4				8		5	
2		5				8		9
	9		1				3	
		6		1				2
			5		3			
1				2		9		

				7		8		
			1		2		7	
				9		1		6
	4				6		3	
8		2				6		9
	7		2				8	
4		3		6				
	9		8		5			
		6		1				

		9	7		6	3		
	2						4	
	7						6	
	3			7			1	
		4		1		7		
			2	6	8			
			1		2			
	5	3				6	8	
9								1

		8	7	4	6	9		
	4						1	
		9				7		
			2		1			
	1	5		8		2	9	
	9			5			8	
	6			1			4	
9	3						2	5

6					2	5		
				6	3			
			9	1				6
		4	5				9	2
	8	6				4	5	
5	3				6	8		
4				9	1			
			3	5				
		3	2					1

9			7		6			2
	2						6	
		5				8		
	9		4		7		3	
2								9
	6		8		1		4	
		6				4		
	5						9	
7			5		2			8

				1				
4			6		5			3
	6			3			2	
		6		7		5		
	8			6			7	
9			4		8			6
		7				2		
	2	9	7		1	6	8	
				9				

		9				2		
			7		3			
1	3			2			6	5
3	6						5	4
		5	6		2	8		
		1	5		9	6		
8								2
	4						9	
		6				5		

1				4				8
	8						7	
		3		8		5		
			7		4			
4	7		8		5		6	1
			6		2			
		2		7		3		
	1						4	
8				2				7

			8	3	2			
		7				9		
	6						4	
3			1	2	7			4
		2				6		
	1						3	
6		4	2		8	3		9
		3	6		9	4		
		9	7		3	8		

			8	2		4		
		9		3		5		
	7		5			2		
3		2	6		8			
8	1			9				
			3		2			4
7	6	5				8		3
							1	
				3	9			

4			8			1		
		5			6			
	6			1				3
8			4				6	
		2				3		
	1				9			4
2				6			5	
			5			4		
		9			3			7

			4	6	9			
		3				7		
	8						2	
	6		8		7		3	
	7			9			6	
		2				1		
			6	8	1			
6	2	1				9	8	3
7								1

			2			5		
		5		6			9	
	2		3					6
5		7	1					
	1			9			4	
					4	2		1
4					6		8	
	3			5		7		
		8			7			

		6	9	1	5	8		
	9						7	
2			6		4			1
	6	4		9		2	3	
				8				
	5	2	3		7	9	1	
		7				6		
			2		8			
				3				

1	9	4	2	6				
8				5			6	
3				9				4
4				2			8	
2	7	1	3	8				
						1		
					9	3		
	4		7				2	
		5						6

								5
	4	1	2	3			8	
	6	5	4	9				
	3	7	1	2				
			7	9		1	2	
			1	2		8	4	
	7		4	8		3	1	
4								

9	7	4				8	2	1
	2	3	8		7	9	6	
5								7
6			9		8			2
3				5				9
	6						7	
		9				2		
			6	3	2			

	5				1			
7		4		2		9		
	3		5		6		7	
		1				7		2
	2						6	
5		3				4		
	9		1		8		4	
		7		5		6		8
			7				3	

		7				6		
	6		1		7		8	
	5		2	6	4		7	
	3		7		5		6	
		9				1		
4				2				9
	2			8			1	
		5	3		6	2		

			4				3	8
		9		7				2
	7				2			
7				3		9		
	2		5		9		1	
		4		1				3
			8				2	
4				2		3		
2	5				4			

		2				9		
5		6				3		8
3			8		1			6
	2			7			9	
		8				1		
			1		6			
	5			4			7	
		9				6		
			7	8	5			

6								1
	4			2			3	
		8		1		5		
			5		7			
		5		9		2		
	9			6			8	
9		7				8		2
	8		9		4		7	
		3				1		

				2			4	
			8			5		7
		5			1		6	
	4			5		3		
5			1		4			2
	3			7			9	
		1				9		
	8		5		6			
2				4				

6								7
		1	6		7	3		
		2	9		3	4		
				6				
	1			3			9	
	6			4			5	
	5						4	
		4	5	9	1	7		
7								2

ANSWERS

6

4	2	7	8	3	6	1	9	5
9	1	3	5	4	2	8	6	7
6	5	8	9	7	1	2	4	3
8	9	5	6	2	3	4	7	1
7	3	6	4	1	8	9	5	2
2	4	1	7	9	5	6	3	8
1	6	2	3	5	9	7	8	4
5	7	9	1	8	4	3	2	6
3	8	4	2	6	7	5	1	9

7

6	2	5	8	1	3	4	7	9
8	9	1	6	7	4	3	5	2
4	3	7	5	9	2	6	1	8
1	6	2	7	3	9	5	8	4
3	7	9	4	5	8	1	2	6
5	8	4	2	6	1	7	9	3
9	5	6	3	2	7	8	4	1
2	4	3	1	8	5	9	6	7
7	1	8	9	4	6	2	3	5

8

3	4	5	7	9	6	2	8	1
6	7	8	1	2	3	4	5	9
2	9	1	5	4	8	6	7	3
1	2	4	6	5	9	7	3	8
8	3	7	2	1	4	5	9	6
9	5	6	3	8	7	1	2	4
5	8	9	4	7	1	3	6	2
7	1	3	8	6	2	9	4	5
4	6	2	9	3	5	8	1	7

9

3	7	1	8	2	9	4	6	5
6	2	5	3	4	1	8	7	9
9	4	8	6	7	5	2	3	1
1	8	3	4	9	6	7	5	2
4	6	2	7	5	8	9	1	3
5	9	7	1	3	2	6	8	4
7	1	4	9	8	3	5	2	6
8	5	6	2	1	4	3	9	7
2	3	9	5	6	7	1	4	8

10

8	6	4	9	2	5	3	1	7
7	5	9	1	8	3	2	6	4
2	3	1	6	4	7	9	5	8
1	8	5	2	6	9	4	7	3
6	4	2	7	3	1	8	9	5
3	9	7	8	5	4	6	2	1
9	7	6	4	1	8	5	3	2
5	1	8	3	9	2	7	4	6
4	2	3	5	7	6	1	8	9

11

7	4	6	1	8	9	5	3	2
8	9	5	3	4	2	7	6	1
3	1	2	7	6	5	4	9	8
6	5	3	2	1	8	9	7	4
9	7	1	5	3	4	2	8	6
2	8	4	9	7	6	3	1	5
1	6	9	4	2	3	8	5	7
4	3	7	8	5	1	6	2	9
5	2	8	6	9	7	1	4	3

12

2	5	8	6	1	7	4	3	9
3	7	9	8	2	4	5	1	6
1	4	6	9	5	3	7	2	8
4	9	1	3	8	6	2	5	7
6	3	5	4	7	2	8	9	1
7	8	2	5	9	1	6	4	3
8	1	4	7	3	5	9	6	2
9	6	3	2	4	8	1	7	5
5	2	7	1	6	9	3	8	4

13

7	8	1	6	2	4	5	3	9
2	9	6	8	5	3	7	4	1
5	4	3	9	1	7	8	2	6
3	5	9	2	4	8	6	1	7
1	6	2	5	7	9	4	8	3
8	7	4	3	6	1	2	9	5
9	1	7	4	8	5	3	6	2
4	2	5	1	3	6	9	7	8
6	3	8	7	9	2	1	5	4

14

4	3	6	1	9	8	7	2	5
2	5	1	7	3	6	4	9	8
8	7	9	2	4	5	3	6	1
9	2	4	6	8	1	5	7	3
6	1	3	9	5	7	2	8	4
7	8	5	4	2	3	9	1	6
5	9	7	8	1	4	6	3	2
3	6	8	5	7	2	1	4	9
1	4	2	3	6	9	8	5	7

15

5	1	7	8	6	9	3	2	4
3	6	2	7	5	4	9	1	8
4	9	8	1	2	3	5	6	7
8	3	5	9	4	2	1	7	6
6	7	1	5	3	8	4	9	2
2	4	9	6	1	7	8	3	5
9	2	3	4	8	6	7	5	1
7	5	4	2	9	1	6	8	3
1	8	6	3	7	5	2	4	9

16

8	4	7	5	1	3	9	6	2
1	5	9	7	2	6	4	8	3
2	3	6	9	8	4	1	7	5
3	7	1	6	9	8	5	2	4
6	2	5	1	4	7	3	9	8
9	8	4	2	3	5	6	1	7
7	9	2	3	5	1	8	4	6
5	1	8	4	6	2	7	3	9
4	6	3	8	7	9	2	5	1

17

6	4	2	9	5	8	7	1	3
1	3	8	2	6	7	4	9	5
5	7	9	4	3	1	6	2	8
4	2	1	8	9	3	5	7	6
9	6	5	1	7	4	3	8	2
7	8	3	5	2	6	1	4	9
2	1	4	3	8	5	9	6	7
8	5	7	6	4	9	2	3	1
3	9	6	7	1	2	8	5	4

18

4	1	9	6	5	8	2	7	3
8	7	6	9	2	3	5	1	4
5	2	3	7	1	4	8	6	9
9	6	2	3	8	1	7	4	5
1	5	4	2	6	7	3	9	8
3	8	7	4	9	5	1	2	6
2	9	8	5	7	6	4	3	1
7	4	5	1	3	9	6	8	2
6	3	1	8	4	2	9	5	7

19

1	8	4	9	6	3	2	7	5
2	7	6	8	1	5	9	4	3
9	3	5	7	2	4	8	6	1
5	4	2	6	3	7	1	8	9
6	9	3	4	8	1	5	2	7
8	1	7	2	5	9	4	3	6
4	5	1	3	7	8	6	9	2
3	6	9	1	4	2	7	5	8
7	2	8	5	9	6	3	1	4

20

9	3	7	4	6	1	8	2	5
4	5	2	9	7	8	1	6	3
1	6	8	2	5	3	9	7	4
6	4	1	7	9	2	3	5	8
2	7	3	8	1	5	4	9	6
5	8	9	3	4	6	2	1	7
8	1	5	6	3	9	7	4	2
7	2	6	1	8	4	5	3	9
3	9	4	5	2	7	6	8	1

21

6	1	7	5	3	4	9	2	8
8	5	2	1	9	7	6	3	4
4	3	9	6	8	2	7	1	5
1	2	3	7	6	8	4	5	9
7	8	5	3	4	9	1	6	2
9	6	4	2	1	5	8	7	3
3	9	6	4	2	1	5	8	7
5	4	1	8	7	3	2	9	6
2	7	8	9	5	6	3	4	1

22

3	1	2	8	6	7	5	4	9
9	6	5	2	4	3	1	8	7
7	8	4	5	9	1	6	2	3
8	4	7	3	2	5	9	6	1
2	3	9	1	8	6	7	5	4
1	5	6	4	7	9	8	3	2
6	9	3	7	5	2	4	1	8
5	2	8	9	1	4	3	7	6
4	7	1	6	3	8	2	9	5

23

3	5	6	9	2	7	8	1	4
7	9	1	6	8	4	5	2	3
8	4	2	5	3	1	6	7	9
5	1	9	7	6	2	4	3	8
6	8	7	1	4	3	2	9	5
4	2	3	8	5	9	7	6	1
2	6	4	3	9	5	1	8	7
1	3	8	4	7	6	9	5	2
9	7	5	2	1	8	3	4	6

24

2	1	5	8	3	4	7	9	6
3	9	8	6	5	7	2	4	1
7	6	4	2	9	1	8	3	5
8	4	3	1	2	9	6	5	7
5	7	6	4	8	3	9	1	2
9	2	1	5	7	6	3	8	4
4	5	7	9	6	8	1	2	3
6	8	2	3	1	5	4	7	9
1	3	9	7	4	2	5	6	8

25

6	2	9	1	3	4	8	5	7
1	4	5	6	7	8	2	9	3
8	7	3	5	2	9	1	6	4
2	9	4	7	5	3	6	8	1
3	8	6	2	9	1	4	7	5
5	1	7	8	4	6	9	3	2
4	5	2	9	6	7	3	1	8
7	6	1	3	8	2	5	4	9
9	3	8	4	1	5	7	2	6

26

9	6	5	8	2	4	1	3	7
4	8	3	1	6	7	9	5	2
2	1	7	3	5	9	4	8	6
8	3	1	6	9	2	7	4	5
7	9	4	5	1	3	2	6	8
6	5	2	4	7	8	3	9	1
5	4	6	2	3	1	8	7	9
3	2	9	7	8	5	6	1	4
1	7	8	9	4	6	5	2	3

27

9	8	4	2	1	3	5	6	7
2	1	5	4	6	7	3	9	8
3	7	6	8	9	5	2	4	1
4	2	3	9	7	1	6	8	5
7	9	1	5	8	6	4	2	3
6	5	8	3	2	4	1	7	9
8	3	7	1	4	2	9	5	6
5	4	9	6	3	8	7	1	2
1	6	2	7	5	9	8	3	4

28

8	1	2	7	3	6	5	4	9
5	6	3	8	9	4	2	7	1
7	9	4	2	5	1	8	3	6
4	8	5	9	1	2	3	6	7
3	2	6	4	7	5	9	1	8
1	7	9	3	6	8	4	5	2
6	5	8	1	2	3	7	9	4
9	4	1	5	8	7	6	2	3
2	3	7	6	4	9	1	8	5

29

8	5	4	3	7	9	1	6	2
1	6	3	4	8	2	5	9	7
7	2	9	1	5	6	8	4	3
5	8	6	7	4	3	9	2	1
9	3	2	8	6	1	7	5	4
4	7	1	2	9	5	3	8	6
6	1	7	5	2	8	4	3	9
3	9	8	6	1	4	2	7	5
2	4	5	9	3	7	6	1	8

30

6	8	9	4	5	7	2	1	3
3	2	7	9	8	1	5	6	4
1	5	4	6	2	3	8	7	9
7	1	2	5	6	9	4	3	8
8	6	3	2	7	4	9	5	1
4	9	5	3	1	8	6	2	7
9	4	6	1	3	5	7	8	2
5	3	8	7	4	2	1	9	6
2	7	1	8	9	6	3	4	5

31

7	1	5	4	6	9	2	8	3
2	8	9	1	5	3	6	4	7
3	4	6	7	8	2	5	9	1
5	9	7	6	4	8	3	1	2
1	3	2	5	9	7	8	6	4
8	6	4	2	3	1	7	5	9
6	7	8	3	1	4	9	2	5
9	2	1	8	7	5	4	3	6
4	5	3	9	2	6	1	7	8

32

3	1	5	7	8	4	9	6	2
6	8	4	9	1	2	7	5	3
7	2	9	5	6	3	1	4	8
8	4	3	1	7	5	2	9	6
9	7	6	2	4	8	5	3	1
2	5	1	6	3	9	4	8	7
4	3	7	8	5	1	6	2	9
1	9	8	4	2	6	3	7	5
5	6	2	3	9	7	8	1	4

33

5	1	9	7	8	6	4	2	3
3	4	8	1	5	2	6	7	9
6	7	2	3	9	4	8	5	1
4	9	1	8	6	7	2	3	5
7	8	6	5	2	3	9	1	4
2	3	5	9	4	1	7	6	8
9	2	3	6	1	8	5	4	7
8	6	7	4	3	5	1	9	2
1	5	4	2	7	9	3	8	6

34

4	8	3	2	1	9	6	7	5
9	1	6	5	4	7	8	3	2
2	5	7	8	3	6	1	4	9
8	2	5	6	9	3	7	1	4
1	7	9	4	5	8	3	2	6
6	3	4	1	7	2	9	5	8
5	4	8	3	6	1	2	9	7
7	6	1	9	2	4	5	8	3
3	9	2	7	8	5	4	6	1

35

5	1	4	6	8	9	7	3	2
7	3	8	1	5	2	4	6	9
9	2	6	7	3	4	5	1	8
1	8	7	5	4	3	2	9	6
4	6	2	8	9	1	3	5	7
3	5	9	2	6	7	8	4	1
6	4	1	3	2	8	9	7	5
2	7	3	9	1	5	6	8	4
8	9	5	4	7	6	1	2	3

36

2	3	6	1	8	5	7	4	9
9	8	5	6	7	4	3	2	1
4	1	7	3	9	2	8	5	6
7	5	9	8	1	6	4	3	2
8	4	3	5	2	9	6	1	7
6	2	1	7	4	3	9	8	5
1	9	8	4	5	7	2	6	3
5	6	2	9	3	8	1	7	4
3	7	4	2	6	1	5	9	8

37

7	9	6	8	1	3	5	4	2
2	1	3	6	5	4	7	9	8
4	8	5	9	7	2	6	3	1
1	3	9	5	4	7	8	2	6
8	2	7	1	9	6	3	5	4
5	6	4	2	3	8	1	7	9
3	7	1	4	8	9	2	6	5
9	5	2	3	6	1	4	8	7
6	4	8	7	2	5	9	1	3

38

8	3	4	9	7	6	2	1	5
2	7	9	3	5	1	4	8	6
6	1	5	4	8	2	7	3	9
1	9	6	5	2	4	8	7	3
3	4	2	8	6	7	5	9	1
5	8	7	1	9	3	6	4	2
4	2	1	7	3	5	9	6	8
7	6	8	2	1	9	3	5	4
9	5	3	6	4	8	1	2	7

39

5	7	1	6	2	8	3	4	9
2	6	8	9	3	4	7	5	1
4	9	3	5	1	7	8	2	6
1	3	6	2	8	9	4	7	5
7	4	5	3	6	1	2	9	8
8	2	9	4	7	5	1	6	3
6	8	2	7	5	3	9	1	4
9	1	7	8	4	6	5	3	2
3	5	4	1	9	2	6	8	7

40

8	3	9	2	7	4	5	1	6
5	4	1	6	9	8	2	3	7
2	6	7	1	3	5	8	9	4
6	8	4	7	1	2	3	5	9
7	1	5	9	8	3	6	4	2
9	2	3	5	4	6	7	8	1
3	5	2	4	6	1	9	7	8
4	7	6	8	5	9	1	2	3
1	9	8	3	2	7	4	6	5

41

2	9	5	4	1	3	7	8	6
1	4	6	7	2	8	9	3	5
8	7	3	6	9	5	1	4	2
9	5	2	3	7	6	8	1	4
6	3	4	2	8	1	5	9	7
7	8	1	9	5	4	6	2	3
3	6	8	1	4	7	2	5	9
4	1	9	5	6	2	3	7	8
5	2	7	8	3	9	4	6	1

42

1	9	7	8	6	3	2	4	5
6	2	5	1	9	4	3	8	7
3	4	8	5	2	7	6	1	9
9	5	1	4	7	6	8	2	3
2	3	4	9	1	8	5	7	6
8	7	6	3	5	2	1	9	4
4	8	9	6	3	1	7	5	2
5	6	2	7	8	9	4	3	1
7	1	3	2	4	5	9	6	8

43

4	2	1	9	3	7	5	8	6
9	6	8	5	2	1	4	7	3
3	5	7	6	4	8	2	9	1
6	1	9	7	5	3	8	2	4
8	7	3	4	1	2	9	6	5
5	4	2	8	9	6	3	1	7
2	3	6	1	8	5	7	4	9
1	9	5	2	7	4	6	3	8
7	8	4	3	6	9	1	5	2

44

9	8	2	6	1	5	3	4	7
6	3	7	9	8	4	1	5	2
4	1	5	3	7	2	8	6	9
1	9	3	8	2	6	5	7	4
8	2	6	5	4	7	9	3	1
7	5	4	1	3	9	2	8	6
5	6	8	4	9	1	7	2	3
2	4	1	7	5	3	6	9	8
3	7	9	2	6	8	4	1	5

45

7	1	4	6	5	2	3	8	9
8	2	3	7	1	9	5	4	6
9	6	5	4	8	3	1	7	2
4	9	6	3	7	1	2	5	8
3	8	2	9	4	5	6	1	7
5	7	1	2	6	8	9	3	4
2	3	8	1	9	7	4	6	5
1	4	7	5	2	6	8	9	3
6	5	9	8	3	4	7	2	1

46

7	9	2	4	8	3	5	6	1
3	8	5	1	9	6	7	2	4
4	6	1	5	7	2	3	9	8
8	7	6	2	5	9	4	1	3
2	5	9	3	4	1	6	8	7
1	4	3	8	6	7	9	5	2
5	3	4	6	2	8	1	7	9
9	1	8	7	3	5	2	4	6
6	2	7	9	1	4	8	3	5

47

2	7	4	9	1	6	3	8	5
5	9	3	8	2	4	1	6	7
1	6	8	3	7	5	2	9	4
3	2	9	1	5	8	7	4	6
4	5	6	2	3	7	9	1	8
7	8	1	6	4	9	5	3	2
9	3	5	4	8	2	6	7	1
8	1	7	5	6	3	4	2	9
6	4	2	7	9	1	8	5	3

48

7	3	8	4	1	9	6	2	5
6	5	1	7	3	2	4	8	9
2	4	9	5	8	6	3	7	1
8	2	4	1	7	3	5	9	6
3	9	6	2	5	4	7	1	8
5	1	7	9	6	8	2	4	3
1	7	2	3	9	5	8	6	4
4	8	5	6	2	1	9	3	7
9	6	3	8	4	7	1	5	2

49

6	7	4	2	5	9	3	1	8
5	3	2	6	1	8	4	9	7
9	8	1	3	4	7	6	5	2
1	6	3	4	7	2	5	8	9
8	5	9	1	6	3	2	7	4
4	2	7	9	8	5	1	6	3
3	1	8	7	2	6	9	4	5
7	9	6	5	3	4	8	2	1
2	4	5	8	9	1	7	3	6

50

8	1	3	9	7	6	5	2	4
7	4	5	8	2	3	1	9	6
2	6	9	4	1	5	3	7	8
5	9	4	2	3	1	8	6	7
6	8	1	5	9	7	2	4	3
3	7	2	6	4	8	9	1	5
4	3	6	1	8	2	7	5	9
1	5	7	3	6	9	4	8	2
9	2	8	7	5	4	6	3	1

51

8	6	2	7	9	3	4	5	1
9	5	3	2	1	4	8	6	7
1	4	7	8	6	5	9	3	2
3	9	1	6	8	7	5	2	4
4	8	6	5	3	2	1	7	9
2	7	5	1	4	9	6	8	3
6	2	9	3	5	1	7	4	8
7	1	8	4	2	6	3	9	5
5	3	4	9	7	8	2	1	6

52

3	2	7	5	1	8	9	4	6
8	9	1	4	3	6	7	2	5
6	4	5	9	7	2	8	3	1
4	3	6	7	8	9	5	1	2
9	1	2	3	5	4	6	8	7
5	7	8	2	6	1	4	9	3
7	5	9	8	2	3	1	6	4
1	8	3	6	4	5	2	7	9
2	6	4	1	9	7	3	5	8

53

9	3	8	1	5	2	6	4	7
4	2	1	9	6	7	3	5	8
6	7	5	3	8	4	2	9	1
5	4	7	2	1	3	8	6	9
1	9	2	6	7	8	4	3	5
3	8	6	5	4	9	7	1	2
8	6	3	7	9	5	1	2	4
7	1	9	4	2	6	5	8	3
2	5	4	8	3	1	9	7	6

54

3	6	1	5	8	4	2	7	9
7	8	9	1	3	2	5	6	4
5	2	4	6	9	7	3	1	8
6	1	7	8	2	5	9	4	3
4	3	5	7	1	9	6	8	2
2	9	8	4	6	3	7	5	1
9	5	6	3	4	1	8	2	7
1	7	2	9	5	8	4	3	6
8	4	3	2	7	6	1	9	5

55

2	6	1	7	4	5	8	3	9
7	5	8	3	6	9	1	4	2
4	3	9	2	8	1	5	7	6
8	9	2	4	3	6	7	5	1
5	1	7	8	9	2	3	6	4
6	4	3	5	1	7	9	2	8
3	8	5	1	2	4	6	9	7
1	2	6	9	7	3	4	8	5
9	7	4	6	5	8	2	1	3

56

9	8	6	7	1	3	2	5	4
7	3	2	8	5	4	9	6	1
1	4	5	6	2	9	8	7	3
3	6	7	4	9	5	1	2	8
8	1	9	3	6	2	7	4	5
5	2	4	1	8	7	3	9	6
4	7	1	2	3	6	5	8	9
6	9	8	5	7	1	4	3	2
2	5	3	9	4	8	6	1	7

57

2	5	3	6	8	4	1	7	9
8	1	4	2	7	9	5	6	3
9	7	6	5	3	1	4	2	8
7	8	1	4	9	5	2	3	6
4	6	9	3	2	7	8	1	5
5	3	2	1	6	8	7	9	4
1	9	8	7	4	3	6	5	2
6	4	7	9	5	2	3	8	1
3	2	5	8	1	6	9	4	7

58

2	4	7	1	8	9	5	6	3
3	5	6	2	4	7	9	1	8
9	1	8	5	3	6	7	2	4
8	6	4	7	5	3	2	9	1
1	7	3	9	2	4	8	5	6
5	2	9	6	1	8	4	3	7
7	9	2	8	6	1	3	4	5
6	3	5	4	7	2	1	8	9
4	8	1	3	9	5	6	7	2

59

8	7	6	4	2	1	5	9	3
2	3	1	6	5	9	4	7	8
4	5	9	8	7	3	6	1	2
6	4	2	3	1	5	9	8	7
9	1	3	7	6	8	2	5	4
5	8	7	9	4	2	3	6	1
3	2	5	1	8	6	7	4	9
7	9	8	5	3	4	1	2	6
1	6	4	2	9	7	8	3	5

60

4	2	9	3	8	6	5	1	7
7	5	1	4	9	2	6	3	8
6	8	3	7	5	1	9	4	2
3	9	6	5	4	7	2	8	1
2	1	8	9	6	3	4	7	5
5	7	4	2	1	8	3	9	6
8	3	2	6	7	4	1	5	9
9	6	7	1	3	5	8	2	4
1	4	5	8	2	9	7	6	3

61

4	8	1	6	7	2	9	5	3
5	6	7	4	3	9	2	1	8
9	2	3	1	8	5	6	7	4
3	5	4	7	2	1	8	9	6
7	9	2	3	6	8	5	4	1
8	1	6	5	9	4	7	3	2
1	4	9	8	5	6	3	2	7
6	7	5	2	4	3	1	8	9
2	3	8	9	1	7	4	6	5

62

7	8	6	4	3	5	2	9	1
3	5	1	6	2	9	4	7	8
9	4	2	7	8	1	5	6	3
6	2	5	9	7	8	3	1	4
4	9	8	5	1	3	6	2	7
1	3	7	2	6	4	9	8	5
5	7	9	1	4	2	8	3	6
2	6	3	8	5	7	1	4	9
8	1	4	3	9	6	7	5	2

63

1	3	5	4	9	8	2	7	6
6	2	8	7	5	3	1	4	9
4	9	7	2	6	1	8	5	3
7	1	2	6	3	5	9	8	4
3	4	9	8	7	2	6	1	5
8	5	6	9	1	4	3	2	7
5	7	3	1	2	6	4	9	8
2	6	4	5	8	9	7	3	1
9	8	1	3	4	7	5	6	2

64

4	7	8	2	3	5	1	6	9
9	3	6	8	4	1	2	7	5
2	5	1	6	7	9	8	3	4
3	8	4	7	5	6	9	1	2
7	9	2	1	8	4	6	5	3
6	1	5	3	9	2	7	4	8
1	4	9	5	2	7	3	8	6
8	2	7	4	6	3	5	9	1
5	6	3	9	1	8	4	2	7

65

8	9	1	4	7	3	5	2	6
4	6	2	5	8	1	9	7	3
7	5	3	6	2	9	4	1	8
5	7	8	1	3	4	2	6	9
2	3	6	7	9	5	1	8	4
1	4	9	2	6	8	3	5	7
3	1	5	8	4	7	6	9	2
6	8	4	9	1	2	7	3	5
9	2	7	3	5	6	8	4	1

66

6	4	1	7	9	5	8	2	3
8	3	2	1	4	6	7	5	9
7	9	5	8	2	3	1	6	4
3	7	9	4	5	2	6	8	1
1	6	4	3	8	7	5	9	2
5	2	8	6	1	9	3	4	7
2	1	6	5	7	4	9	3	8
4	5	7	9	3	8	2	1	6
9	8	3	2	6	1	4	7	5

67

3	9	2	4	8	5	7	6	1
7	8	4	3	6	1	5	9	2
6	1	5	2	7	9	4	8	3
1	7	3	9	5	2	6	4	8
2	6	8	1	4	7	3	5	9
4	5	9	8	3	6	2	1	7
5	3	1	7	9	4	8	2	6
9	4	7	6	2	8	1	3	5
8	2	6	5	1	3	9	7	4

68

1	6	9	7	3	5	4	8	2
4	8	2	1	6	9	5	3	7
7	3	5	8	4	2	1	9	6
5	4	6	3	2	7	8	1	9
9	1	8	6	5	4	2	7	3
2	7	3	9	1	8	6	5	4
6	5	7	2	9	1	3	4	8
3	9	4	5	8	6	7	2	1
8	2	1	4	7	3	9	6	5

69

8	9	2	7	1	5	3	6	4
4	7	3	9	2	6	5	8	1
6	1	5	3	4	8	7	2	9
9	8	1	5	7	3	6	4	2
2	6	7	4	9	1	8	5	3
3	5	4	8	6	2	9	1	7
7	3	8	2	5	4	1	9	6
1	2	9	6	8	7	4	3	5
5	4	6	1	3	9	2	7	8

70

3	1	4	9	7	2	5	6	8
6	2	7	3	5	8	1	4	9
9	5	8	1	4	6	3	7	2
2	7	1	8	3	4	6	9	5
8	4	6	2	9	5	7	3	1
5	9	3	6	1	7	2	8	4
7	3	5	4	8	1	9	2	6
4	6	9	5	2	3	8	1	7
1	8	2	7	6	9	4	5	3

71

3	1	7	9	2	5	6	8	4
5	2	4	8	7	6	3	1	9
8	6	9	4	1	3	5	2	7
7	4	6	5	3	2	1	9	8
2	9	8	1	6	4	7	3	5
1	5	3	7	8	9	4	6	2
9	3	1	2	5	7	8	4	6
4	8	5	6	9	1	2	7	3
6	7	2	3	4	8	9	5	1

72

5	2	7	3	1	6	9	8	4
4	9	3	7	2	8	5	6	1
6	1	8	4	9	5	2	7	3
2	8	1	9	7	3	4	5	6
3	4	6	5	8	2	1	9	7
9	7	5	1	6	4	8	3	2
7	3	2	8	5	1	6	4	9
8	6	9	2	4	7	3	1	5
1	5	4	6	3	9	7	2	8

73

9	8	3	1	2	5	4	6	7
4	7	2	8	6	3	5	1	9
5	6	1	4	7	9	2	3	8
3	9	6	5	8	2	7	4	1
7	4	5	3	1	6	9	8	2
2	1	8	7	9	4	3	5	6
1	5	9	6	3	7	8	2	4
6	2	4	9	5	8	1	7	3
8	3	7	2	4	1	6	9	5

74

5	2	8	6	1	3	9	4	7
4	6	9	2	8	7	5	3	1
7	1	3	4	5	9	2	6	8
6	4	2	1	7	5	3	8	9
8	7	5	9	3	4	6	1	2
3	9	1	8	2	6	7	5	4
9	5	7	3	4	1	8	2	6
1	8	6	5	9	2	4	7	3
2	3	4	7	6	8	1	9	5

75

8	5	9	6	3	2	7	1	4
2	6	4	8	7	1	3	5	9
3	1	7	4	9	5	6	8	2
1	7	8	2	6	3	9	4	5
5	9	3	1	8	4	2	6	7
6	4	2	9	5	7	1	3	8
9	2	6	5	1	8	4	7	3
4	3	5	7	2	6	8	9	1
7	8	1	3	4	9	5	2	6

76

9	8	3	6	1	4	5	2	7
6	5	2	3	7	9	1	4	8
7	1	4	2	5	8	3	9	6
8	3	7	5	9	6	4	1	2
4	6	9	1	8	2	7	3	5
5	2	1	7	4	3	6	8	9
2	7	6	8	3	1	9	5	4
3	4	8	9	6	5	2	7	1
1	9	5	4	2	7	8	6	3

77

5	4	9	8	6	3	1	2	7
1	8	2	5	4	7	6	9	3
6	7	3	1	9	2	5	8	4
8	2	7	9	3	6	4	1	5
9	3	5	7	1	4	2	6	8
4	6	1	2	5	8	3	7	9
7	1	4	6	8	5	9	3	2
3	9	8	4	2	1	7	5	6
2	5	6	3	7	9	8	4	1

78

9	4	7	5	6	8	3	2	1
6	3	8	9	2	1	5	7	4
1	5	2	7	4	3	6	9	8
2	9	5	3	1	7	8	4	6
8	1	4	6	9	2	7	3	5
3	7	6	4	8	5	9	1	2
4	6	3	2	5	9	1	8	7
5	8	9	1	7	4	2	6	3
7	2	1	8	3	6	4	5	9

79

6	3	2	1	9	5	8	7	4
9	5	7	4	6	8	1	3	2
1	8	4	7	2	3	6	9	5
4	7	9	5	3	6	2	8	1
3	2	6	9	8	1	5	4	7
5	1	8	2	7	4	3	6	9
7	4	3	6	5	2	9	1	8
2	6	1	8	4	9	7	5	3
8	9	5	3	1	7	4	2	6

80

7	8	3	6	2	5	4	9	1
2	4	9	7	1	3	8	5	6
6	5	1	4	9	8	2	7	3
1	3	5	9	4	7	6	8	2
4	6	2	5	8	1	7	3	9
9	7	8	3	6	2	1	4	5
3	2	7	8	5	6	9	1	4
8	1	4	2	3	9	5	6	7
5	9	6	1	7	4	3	2	8

81

8	9	2	5	6	1	3	7	4
5	1	3	7	4	2	6	8	9
4	7	6	9	8	3	5	2	1
1	2	9	3	7	8	4	5	6
7	6	5	4	2	9	1	3	8
3	4	8	6	1	5	7	9	2
2	3	4	8	5	6	9	1	7
9	8	7	1	3	4	2	6	5
6	5	1	2	9	7	8	4	3

82

2	7	1	8	9	3	6	5	4
4	5	6	1	2	7	8	9	3
8	3	9	6	4	5	2	1	7
1	6	4	9	7	8	5	3	2
9	2	5	3	1	6	7	4	8
3	8	7	2	5	4	1	6	9
7	4	8	5	3	1	9	2	6
6	1	2	4	8	9	3	7	5
5	9	3	7	6	2	4	8	1

83

8	7	4	9	5	3	6	1	2
3	1	9	7	6	2	5	8	4
6	5	2	1	8	4	9	7	3
4	6	1	8	9	5	3	2	7
5	2	8	6	3	7	4	9	1
7	9	3	2	4	1	8	5	6
2	4	5	3	1	8	7	6	9
9	8	7	4	2	6	1	3	5
1	3	6	5	7	9	2	4	8

84

1	6	2	4	7	5	3	9	8
5	4	3	9	6	8	7	1	2
7	8	9	2	3	1	4	6	5
3	1	4	6	2	7	8	5	9
8	2	6	5	9	3	1	7	4
9	5	7	1	8	4	6	2	3
4	3	5	7	1	9	2	8	6
6	9	1	8	4	2	5	3	7
2	7	8	3	5	6	9	4	1

85

8	6	1	3	2	9	4	7	5
3	2	5	1	4	7	8	6	9
7	4	9	5	8	6	1	3	2
5	1	8	4	7	2	6	9	3
6	3	4	9	5	8	2	1	7
2	9	7	6	3	1	5	4	8
9	5	3	8	6	4	7	2	1
4	8	2	7	1	3	9	5	6
1	7	6	2	9	5	3	8	4

86

4	2	3	7	8	1	5	9	6
6	1	9	4	3	5	7	2	8
7	5	8	2	6	9	1	4	3
3	4	1	6	9	8	2	5	7
2	6	5	3	4	7	8	1	9
8	9	7	1	5	2	6	3	4
5	7	6	9	1	4	3	8	2
9	8	2	5	7	3	4	6	1
1	3	4	8	2	6	9	7	5

87

9	1	4	6	7	3	8	5	2
5	6	8	1	4	2	9	7	3
3	2	7	5	9	8	1	4	6
1	4	5	9	8	6	2	3	7
8	3	2	4	5	7	6	1	9
6	7	9	2	3	1	4	8	5
4	8	3	7	6	9	5	2	1
7	9	1	8	2	5	3	6	4
2	5	6	3	1	4	7	9	8

88

8	1	9	7	4	6	3	2	5
3	2	6	8	5	9	1	4	7
4	7	5	3	2	1	8	6	9
5	3	8	9	7	4	2	1	6
2	6	4	5	1	3	7	9	8
7	9	1	2	6	8	5	3	4
6	4	7	1	8	2	9	5	3
1	5	3	4	9	7	6	8	2
9	8	2	6	3	5	4	7	1

89

1	2	8	7	4	6	9	5	3
7	4	6	5	3	9	8	1	2
3	5	9	1	2	8	7	6	4
8	7	4	2	9	1	5	3	6
6	1	5	4	8	3	2	9	7
2	9	3	6	5	7	4	8	1
5	6	7	9	1	2	3	4	8
9	3	1	8	7	4	6	2	5
4	8	2	3	6	5	1	7	9

90

6	1	7	8	4	2	5	3	9
8	9	5	7	6	3	1	2	4
3	4	2	9	1	5	7	8	6
1	7	4	5	3	8	6	9	2
2	8	6	1	7	9	4	5	3
5	3	9	4	2	6	8	1	7
4	2	8	6	9	1	3	7	5
9	6	1	3	5	7	2	4	8
7	5	3	2	8	4	9	6	1

91

9	8	1	7	4	6	3	5	2
4	2	7	3	8	5	9	6	1
6	3	5	2	1	9	8	7	4
1	9	8	4	2	7	5	3	6
2	7	4	6	5	3	1	8	9
5	6	3	8	9	1	2	4	7
3	1	6	9	7	8	4	2	5
8	5	2	1	6	4	7	9	3
7	4	9	5	3	2	6	1	8

92

7	9	3	2	1	4	8	6	5
4	1	2	6	8	5	7	9	3
5	6	8	9	3	7	4	2	1
2	3	6	1	7	9	5	4	8
1	8	4	5	6	3	9	7	2
9	7	5	4	2	8	1	3	6
8	5	7	3	4	6	2	1	9
3	2	9	7	5	1	6	8	4
6	4	1	8	9	2	3	5	7

93

7	5	9	4	1	6	2	8	3
6	2	8	7	5	3	4	1	9
1	3	4	9	2	8	7	6	5
3	6	2	8	7	1	9	5	4
9	7	5	6	4	2	8	3	1
4	8	1	5	3	9	6	2	7
8	9	7	1	6	5	3	4	2
5	4	3	2	8	7	1	9	6
2	1	6	3	9	4	5	7	8

94

1	9	5	3	4	7	6	2	8
2	8	6	1	5	9	4	7	3
7	4	3	2	8	6	5	1	9
6	2	1	7	9	4	8	3	5
4	7	9	8	3	5	2	6	1
5	3	8	6	1	2	7	9	4
9	5	2	4	7	1	3	8	6
3	1	7	5	6	8	9	4	2
8	6	4	9	2	3	1	5	7

95

9	4	5	8	3	2	1	7	6
2	3	7	4	6	1	9	5	8
8	6	1	9	7	5	2	4	3
3	9	6	1	2	7	5	8	4
7	5	2	3	8	4	6	9	1
4	1	8	5	9	6	7	3	2
6	7	4	2	5	8	3	1	9
5	8	3	6	1	9	4	2	7
1	2	9	7	4	3	8	6	5

96

6	5	3	8	2	7	4	9	1
2	8	9	1	3	4	5	6	7
4	7	1	5	6	9	2	3	8
3	4	2	6	7	8	1	5	9
8	1	6	4	9	5	3	7	2
5	9	7	3	1	2	6	8	4
7	6	5	9	4	1	8	2	3
9	3	4	2	8	6	7	1	5
1	2	8	7	5	3	9	4	6

97

4	2	3	8	7	5	1	9	6
1	9	5	3	2	6	7	4	8
7	6	8	9	1	4	5	2	3
8	5	7	4	3	2	9	6	1
9	4	2	6	8	1	3	7	5
3	1	6	7	5	9	2	8	4
2	3	4	1	6	7	8	5	9
6	7	1	5	9	8	4	3	2
5	8	9	2	4	3	6	1	7

98

2	5	7	4	6	9	3	1	8
4	1	3	2	5	8	7	9	6
9	8	6	7	1	3	5	2	4
1	6	5	8	2	7	4	3	9
3	7	4	1	9	5	8	6	2
8	9	2	3	4	6	1	7	5
5	3	9	6	8	1	2	4	7
6	2	1	5	7	4	9	8	3
7	4	8	9	3	2	6	5	1

99

7	6	1	2	4	9	5	3	8
3	8	5	7	6	1	4	9	2
9	2	4	3	8	5	1	7	6
5	4	7	1	2	8	9	6	3
2	1	6	5	9	3	8	4	7
8	9	3	6	7	4	2	5	1
4	7	2	9	1	6	3	8	5
6	3	9	8	5	2	7	1	4
1	5	8	4	3	7	6	2	9

100

4	7	6	9	1	5	8	2	3
1	9	5	8	2	3	4	7	6
2	8	3	6	7	4	5	9	1
7	6	4	5	9	1	2	3	8
9	3	1	4	8	2	7	6	5
8	5	2	3	6	7	9	1	4
3	4	7	1	5	9	6	8	2
6	1	9	2	4	8	3	5	7
5	2	8	7	3	6	1	4	9

101

1	9	4	2	6	7	8	5	3
8	2	7	4	5	3	9	6	1
3	5	6	1	9	8	2	7	4
4	3	9	6	2	1	7	8	5
2	7	1	3	8	5	6	4	9
5	6	8	9	7	4	1	3	2
6	8	2	5	4	9	3	1	7
9	4	3	7	1	6	5	2	8
7	1	5	8	3	2	4	9	6

102

3	9	2	6	8	1	4	7	5
7	4	1	2	3	5	6	8	9
8	6	5	4	9	7	2	3	1
9	3	7	1	2	4	5	6	8
1	2	4	8	5	6	7	9	3
5	8	6	3	7	9	1	2	4
6	5	3	9	1	2	8	4	7
2	7	9	5	4	8	3	1	6
4	1	8	7	6	3	9	5	2

103

9	7	4	5	6	3	8	2	1
8	5	6	1	2	9	7	3	4
1	2	3	8	4	7	9	6	5
5	9	2	3	1	4	6	8	7
6	4	1	9	7	8	3	5	2
3	8	7	2	5	6	1	4	9
2	6	8	4	9	1	5	7	3
4	3	9	7	8	5	2	1	6
7	1	5	6	3	2	4	9	8

104

6	5	9	4	7	1	8	2	3
7	1	4	8	2	3	9	5	6
8	3	2	5	9	6	1	7	4
9	6	1	3	4	5	7	8	2
4	2	8	9	1	7	3	6	5
5	7	3	6	8	2	4	9	1
2	9	6	1	3	8	5	4	7
3	4	7	2	5	9	6	1	8
1	8	5	7	6	4	2	3	9

105

3	1	7	9	5	8	6	2	4
2	6	4	1	3	7	9	8	5
9	5	8	2	6	4	3	7	1
8	3	1	7	9	5	4	6	2
6	7	9	8	4	2	1	5	3
5	4	2	6	1	3	8	9	7
4	8	6	5	2	1	7	3	9
7	2	3	4	8	9	5	1	6
1	9	5	3	7	6	2	4	8

106

1	6	2	4	9	5	7	3	8
8	4	9	1	7	3	5	6	2
5	7	3	6	8	2	1	4	9
7	1	5	2	3	6	9	8	4
3	2	8	5	4	9	6	1	7
6	9	4	7	1	8	2	5	3
9	3	1	8	5	7	4	2	6
4	8	6	9	2	1	3	7	5
2	5	7	3	6	4	8	9	1

107

8	1	2	3	6	4	9	5	7
5	4	6	9	2	7	3	1	8
3	9	7	8	5	1	4	2	6
6	2	1	4	7	8	5	9	3
9	7	8	5	3	2	1	6	4
4	3	5	1	9	6	7	8	2
2	5	3	6	4	9	8	7	1
7	8	9	2	1	3	6	4	5
1	6	4	7	8	5	2	3	9

108

6	7	9	3	8	5	4	2	1
5	4	1	7	2	9	6	3	8
2	3	8	4	1	6	5	9	7
8	2	6	5	4	7	9	1	3
7	1	5	8	9	3	2	6	4
3	9	4	1	6	2	7	8	5
9	5	7	6	3	1	8	4	2
1	8	2	9	5	4	3	7	6
4	6	3	2	7	8	1	5	9

109

6	1	3	7	2	5	8	4	9
9	2	4	8	6	3	5	1	7
8	7	5	4	9	1	2	6	3
7	4	6	9	5	2	3	8	1
5	9	8	1	3	4	6	7	2
1	3	2	6	7	8	4	9	5
4	5	1	2	8	7	9	3	6
3	8	9	5	1	6	7	2	4
2	6	7	3	4	9	1	5	8

110

6	3	5	4	1	8	9	2	7
9	4	1	6	2	7	3	8	5
8	7	2	9	5	3	4	6	1
4	2	9	8	6	5	1	7	3
5	1	8	7	3	2	6	9	4
3	6	7	1	4	9	2	5	8
1	5	3	2	7	6	8	4	9
2	8	4	5	9	1	7	3	6
7	9	6	3	8	4	5	1	2

About the Author

FRANK LONGO is a puzzlemaker living in Hoboken, New Jersey. He creates, fact-checks, and edits crossword puzzles, and also specializes in sudoku, having published more than 150 sudoku books. His books have sold more than five million copies. His wide array of titles encompasses both standard and variety sudoku puzzles, and include *The Peaceful Mind Book of Sudoku; Blockbuster Book of Sudoku; Beyond Black Belt Sudoku; Way Beyond Black Belt Sudoku; Large Print Wordoku; Absolutely Nasty Sudoku Level 1, 2, 3,* and *4; The Nastiest Sudoku Book Ever; Poolside Sudoku;* and *Puzzlewright Guide to Solving Sudoku* (coauthored with Peter Gordon). He is known for being able to produce puzzles that are diabolically difficult yet fair, requiring the solver to use advanced techniques not found in typical newspaper and magazine sudoku puzzles.